30 DÍAS

PARA CONOCER MEJOR A

DIOS

30 DÍAS

PARA CONOCER MEJOR A

DIOS

Perspectivas transformadoras de
escritores cristianos clásicos

inspiración para la vida
CASA PROMESA
Una división de Barbour Publishing, Inc.

Desarrollo editorial: *Semantics, Inc.* P.O. Box 290186, Nashville, TN 37229. semantics01@comcast.net

Publicado por Casa Promesa, una division of Barbour Publishing, Inc., P. O. Box 719, Uhrichsville, Ohio 44683, www.casapromesa.com.

Nuestra misión consiste en publicar y distribuir productos edificantes que ofrecen un valor excepcional y el aliento bíblico a las masas.

Member of the
Evangelical Christian
Publishers Association

Impreso en Estados Unidos de América

CONTENIDO

INTRODUCCIÓN

Se puede conocer a Dios, pero hay más: él *quiere* ser conocido. Esta es la idea que subyace tras *30 días para conocer mejor a Dios,* que recopila escritos cristianos clásicos, ahora en español. Si dedicas a este libro y a la Biblia 30 minutos al día durante 30 días podrías ver tu vida cambiada… para siempre.

30 días para conocer mejor a Dios aporta agudos escritos de algunas de las mejores mentes de la historia cristiana: Charles Spurgeon, John Wesley, D. L. Moody, Hannah Whitall Smith, Hermano Lorenzo, R. A. Torrey y otros. Ligeramente actualizado para facilitar su lectura, este devocional explica los cómo y por qué de conectar con Dios. Aunque Dios está mucho más allá de nuestro alcance, también es cierto que ha revelado mucho sobre sí mismo en su Palabra, y a través de los escritos de sus fieles siervos, muchos de los cuales aparecen en las siguientes páginas.

Cada devocional incluye las referencias bíblicas para lectura adicional, preguntas para profundizar y espacio para escribir tus propias observaciones. Esperamos que aprendas más de Dios durante estos treinta días de viaje, encontrando tanto desafío como estímulo para tu vida cristiana.

LOS EDITORES

CONOCE A DIOS MEDIANTE SU PALABRA

Toda la Escritura es inspirada por Dios y útil para enseñar, para reprender, para corregir y para instruir en la justicia.

2 TIMOTEO 3:16 NVI

Las ideas de los hombres difieren acerca de cuánto puede alcanzar la habilidad humana; pero la razón de que creamos que la Biblia es la base de nuestra seguridad y esperanza es porque es inspirada. La razón por la que creemos que la Biblia es inspirada es tan sencilla que el más humilde hijo de Dios puede entenderla. Si la prueba de su origen divino reside únicamente en su sabiduría, un hombre sencillo y sin educación podría no ser capaz de creer. Creemos que es inspirada y que no hay nada en ella que no venga de Dios. Dios es sabio, y es bueno. No hay nada en la Biblia que no sea sabio, ni nada que no sea bueno.

Si la Biblia contuviese algo opuesto a la razón o a nuestro sentido de lo justo, quizás podríamos pensar que es como todos los libros del mundo escritos por simples hombres. Los libros que son solo humanos, como las vidas de los hombres, contienen abundante necedad y error.

Al igual que las otras cosas maravillosas de Dios, este libro lleva la impronta de su autor. Es como él. Aunque el hombre planta las semillas, es Dios quien crea las flores, y son perfectas y hermosas como él. Los hombres escribieron lo que hay en la Biblia, pero la obra es de Dios.

DWIGHT L. MOODY

CONOCE MEJOR A DIOS

*Oye, Israel: Jehová nuestro Dios, Jehová uno es. Y amarás
a Jehová tu Dios de todo tu corazón, y de toda tu alma,
y con todas tus fuerzas. Y estas palabras que yo te mando
hoy, estarán sobre tu corazón; y las repetirás a tus hijos,
y hablarás de ellas estando en tu casa, y andando por el
camino, y al acostarte, y cuando te levantes. Y las atarás como
una señal en tu mano, y estarán como frontales entre tus ojos;
y las escribirás en los postes de tu casa, y en tus puertas.*

DEUTERONOMIO 6:4-9

*La ley de Jehová es perfecta, que convierte el alma;
El testimonio de Jehová es fiel, que hace sabio al sencillo.
Los mandamientos de Jehová son rectos, que alegran el
corazón;
El precepto de Jehová es puro, que alumbra los ojos.
El temor de Jehová es limpio, que permanece para siempre;
Los juicios de Jehová son verdad, todos justos.
Deseables son más que el oro, y más que mucho oro afinado;
Y dulces más que miel, y que la que destila del panal.
Tu siervo es además amonestado con ellos;
En guardarlos hay grande galardón.*

SALMOS 19:7-11

*Porque nunca la profecía fue traída por voluntad humana,
sino que los santos hombres de Dios hablaron siendo
inspirados por el Espíritu Santo.*

2 PEDRO 1:21

PIENSA EN ELLO

En una escala de uno a diez, sobre la base de tu propia lectura de la Biblia, ¿cuán familiarizado estás con la Palabra de Dios?

_____

_____

_____

_____

¿Cuánto te interesa mejorar la puntuación?

_____

_____

_____

_____

¿Qué pasos prácticos y medibles puedes dar para mejorar tu conocimiento de las Escrituras?

_____

_____

_____

_____

Debemos leer la Biblia como personas que escuchan las palabras de Dios mismo.

F. B. Meyer
The Way into the Holiest

Que toda nuestra ocupación sea conocer a Dios: cuanto más se le conoce, más se desea conocerlo.

Hermano Lorenzo
La práctica de la presencia de Dios

CONOCE A DIOS EN LA MAYORDOMÍA

Había un hombre rico que

tenía un mayordomo…

LUCAS 16:1

La relación que el hombre tiene con Dios, como criatura con el Creador, se nos expone en la Palabra de Dios representada de diversas maneras. Pero ningún personaje coincide tan exactamente con el estado actual del hombre como el mayordomo. Nuestro bendito Señor lo presenta con frecuencia como tal, y hay una particular conveniencia en esa representación. Expresa de manera exacta nuestra situación en este mundo, especificando qué tipo de siervos somos para Dios y qué tipo de servicio espera nuestro divino Señor de nosotros.

Estamos en deuda con Dios por todo lo que tenemos. Aunque un deudor está obligado a restituir lo que ha recibido, sin embargo, hasta el momento del pago tiene libertad de usarlo a su antojo. Pero no es así cuando se trata de un siervo, que no es libre de utilizar como quiera lo que se encomendó en sus manos, sino que debe usarlo como desee su señor, puesto que no es el propietario de estas cosas, sino que le han sido confiadas para disponer de ellas según mande su señor.

Esto es exactamente así con cada uno en su relación con Dios. No tenemos la libertad de utilizar lo que él ha depositado en nuestras manos a *nuestro* antojo, sino como mejor *le* parezca al que es el poseedor del cielo y de la tierra y el Señor de todas las criaturas. Él nos lo ha confiado con la condición expresa de que se utilice solo como *bienes de nuestro Señor* y de acuerdo a las instrucciones que él nos ha dado en su Palabra.

JOHN WESLEY

CONOCE MEJOR A DIOS

Nadie puede recibir nada a menos que Dios se lo conceda.

JUAN 3:27 NVI

Cada uno según el don que ha recibido, minístrelo a los otros, como buenos administradores de la multiforme gracia de Dios.

1 PEDRO 4:10

Ahora bien, se requiere de los administradores, que cada uno sea hallado fiel.

1 CORINTIOS 4:2

PIENSA EN ELLO

¿Qué dones te ha confiado Dios para usarlos para su gloria?

_____

_____

_____

_____

¿Eres fiel en el uso de esos dones?

_____

_____

_____

_____

¿Qué más puedes hacer para utilizarlos?

_____

_____

_____

_____

La mayordomía implica prioridades. ¿Cuándo se le «paga» a Dios? ¿Es el último? ¿Estás dando a tu iglesia y a los demás ministerios solo después de haber comprado y pagado todo lo demás? ¿Está recibiendo Dios de ti solo las sobras (si las hay)? Dios merece el primer lugar en nuestra vida. Esto implica también las finanzas. Dar una parte a Dios refleja una actitud de que él es prioritario en tu economía familiar.

BRUCE BICKEL Y STAN JANTZ
God Is in the Small Stuff for Your Family

Cada uno debe dar a Dios lo que es de Dios, lo cual, recordémoslo, es todo lo que el hombre es y posee.

RICHARD BAXTER

CONOCE A DIOS COMO GUÍA

Encomienda a Jehová tu camino,
Y confía en él; y él hará.
Exhibirá tu justicia como la luz,
Y tu derecho como el mediodía.

SALMOS 37:5-6

Debemos hacer de Dios nuestro deleite, y entonces tendremos el deleite de nuestro corazón. Tenemos el mandato de hacer el bien y, a continuación, el imperativo de deleitarnos en Dios, que es tanto un privilegio como un deber. Y este grato deber tiene una promesa anexa: él te concederá las peticiones de tu corazón. Dios no ha prometido satisfacer todos los apetitos del cuerpo, sino los deseos del corazón, los deseos del alma. ¿Cuál es el deseo del corazón del justo? Es conocer, amar y vivir para Dios, agradarle y complacerse en él.

Debemos convertir a Dios en nuestro guía y someterlo todo a su dirección, y luego todos nuestros asuntos, incluso aquellos que parecen complicados y confusos, llegarán a buen fin. El deber es liviano y, si lo hacemos bien, nos dará tranquilidad. «Encomienda a Jehová tu camino». Descarga tu ansiedad, el peso de tus preocupaciones, en el Señor. Descúbrele tu camino al Señor, es decir, preséntaselo en oración, y todo lo que te preocupa al respecto, y luego confía en que él lo va a llevar a buen puerto, con la plena satisfacción de que todo lo que Dios hace está bien. Tenemos que seguir a la Providencia, no forzarla; rubricar la Sabiduría infinita, no formularla. La promesa es muy atractiva: él actuará, sea lo que sea lo que has dejado en sus manos, si no es invención tuya, para tu contentamiento. Dios encontrará los medios para sacarte de tus problemas, evitar tus temores y llevar a cabo tus propósitos para tu satisfacción. «Exhibirá tu justicia como la luz, y tu derecho como el mediodía», es decir, hará visible que eres un hombre honesto, y eso es bastante honor. Si nos preocupamos de mantener una buena conciencia, podemos dejar a Dios el cuidado de nuestro buen nombre.

MATTHEW HENRY

CONOCE MEJOR A DIOS

Venga tu reino, hágase tu voluntad en la tierra como en el cielo.

MATEO 6:10 NVI

Así que sométanse a Dios.

SANTIAGO 4:7

Enséñame a hacer tu voluntad,
porque tú eres mi Dios.
Que tu buen Espíritu me guíe
por un terreno sin obstáculos.

SALMOS 143:10

PIENSA EN ELLO

¿Has hecho de Dios el deleite de tu corazón?

_____

_____

_____

_____

¿Has tomado la decisión consciente de encomendar al Señor tu camino?

_____

_____

_____

_____

¿Eliges diariamente hacer de Dios la guía de tu vida?

_____

_____

_____

_____

Conforme avanzamos en la aventura de la vida, Dios nos guía. Él va delante […] indicando y abriendo camino.

STEVEN CURTIS CHAPMAN
The Great Adventure

«Ser guiado solo por el sanador de los enfermos, el que levanta a los muertos, el amigo de todos los que estaban enfermos y desamparados, el paciente Maestro que derramó lágrimas de compasión por nuestras dolencias. No podemos sino estar en lo correcto cuando dejamos todo lo demás y hacemos todas las cosas en memoria de él […]. No puede haber confusión en seguirle a él y no ir tras ninguna otra huella, ¡estoy seguro!».

CHARLES DICKENS
Little Dorrit

CONOCE QUIÉN ES DIOS

—Yo soy el camino, la verdad y
la vida —le contestó Jesús.

JUAN 14:6 NVI

Nuestra esperanza se basa en nada menos que un Salvador que nos conoce, y es «todo en todos».

Te aseguro que Jesús desafía la atención de este mundo por su multiforme gracia. Él satisface las necesidades de todas las clases y condiciones de hombres. Tiene respuesta para lo que conmueve el alma de cada persona. «Y vosotros, ¿quién decís que soy yo?».

Para el artista, es el único totalmente Bello. Para el arquitecto, es la Piedra Angular. Para el astrónomo, es el Sol de Justicia. Para el panadero, es el Pan de vida. Para el constructor, es el Fundamento Seguro. Para el carpintero, es la Puerta.

Para el doctor, él es el Gran Médico. Para el educador, es el Gran Maestro. Para el agricultor, es el Sembrador. Para la florista, es la Rosa de Sarón. Para el geólogo, es la Roca de los Siglos. Para el filántropo, es el Don Inefable. Para el siervo, es el Buen Señor.

Para el cartógrafo, él es el Camino. Para el abogado, es la Verdad. Para el biólogo, es la Vida. Para el pecador, es la Salvación. ¿Qué es Jesús para ti?

R. A. Torrey

CONOCE MEJOR A DIOS

Porque en él habita corporalmente toda la plenitud de la Deidad.

COLOSENSES 2:9

Dios no es hombre, para que mienta,
Ni hijo de hombre para que se arrepienta.
Él dijo, ¿y no hará?
Habló, ¿y no lo ejecutará?

NÚMEROS 23:19

Porque el SEÑOR tu Dios es Dios de dioses y Señor de señores; él es el gran Dios, poderoso y terrible, que no actúa con parcialidad ni acepta sobornos.

DEUTERONOMIO 10:17 NVI

PIENSA EN ELLO

¿Has colocado tu esperanza en el Salvador?

_____

_____

_____

_____

¿Vives consciente de que él suplirá tus necesidades?

_____

_____

_____

_____

¿Qué es Dios para ti personalmente?

_____

_____

_____

_____

Él es pan para el hambriento, agua para el sediento, vestido para el desnudo, sanidad para el herido; y todo lo que un alma puede desear se encuentra en él.

JOHN FLAVEL
Christ Altogether Lovely

Yo necesito a Cristo, no a algo que se le parezca.

C. S. LEWIS
A Grief Observed

DÍA 5

CONOCE LAS BENDICIONES DE DIOS

Bendito sea el SEÑOR, nuestro Dios y Salvador, que día tras día sobrelleva nuestras cargas. Nuestro Dios es un Dios que salva; el SEÑOR Soberano nos libra de la muerte.

SALMOS 68:19-20 NVI

¿Alguno de ustedes tiene tendencia a la queja? ¿Crees que Dios te trata con dureza? Pues bien, eres lo que eres por su gracia. Aunque no seas lo que quisieras, recuerda que no eres lo que —si se aplicara una estricta justicia— habrías de ser. Podrías encontrarte en el hospicio, una residencia que pocos admiran. Podrías encontrarte en la cárcel, pero Dios te libra del pecado que te llevaría a ella. Podrías encontrarte a las puertas de la tumba, en tu lecho de muerte, al borde de la eternidad. Ni los más santos se han librado de la tumba. Oh Dios, cuando pensamos en dónde no estamos, porque tu gracia nos ha sostenido, solo podemos decir: «Día tras día sobrelleva nuestras cargas».

Piensa en lo que somos los cristianos. Somos hijos de Dios, coherederos con Cristo. Hay «muchas moradas» reservadas para nosotros, así como las palmas y las arpas de los glorificados. Tienes participación en todo lo que Cristo ha hecho, y en lo que es y será. En todos los dones obtenidos en su ascensión tienes una parte; en los dones que nos vienen por estar él sentado a la derecha de Dios tienes tu parte; y también en las glorias de la Segunda Venida. Mira cómo hoy, igual que en el pasado y en el futuro, te llena de bendiciones.

CHARLES SPURGEON

CONOCE MEJOR A DIOS

Alabado sea Dios, Padre de nuestro Señor Jesucristo, que nos ha bendecido en las regiones celestiales con toda bendición espiritual en Cristo.

EFESIOS 1:3 NVI

Por la misericordia de Jehová no hemos sido consumidos, porque nunca decayeron sus misericordias.
Nuevas son cada mañana; grande es tu fidelidad.

LAMENTACIONES 3:22-23

Bendice, alma mía, a Jehová,
Y bendiga todo mi ser su santo nombre.
Bendice, alma mía, a Jehová,
Y no olvides ninguno de sus beneficios.

SALMOS 103:1-2

PIENSA EN ELLO

¿Estás realmente agradecido por cómo Dios te ha bendecido?

_____

_____

_____

_____

¿En qué tres formas te ha bendecido Dios esta semana?

_____

_____

_____

_____

¿Tienes el hábito de dar gracias a Dios por sus bendiciones?

_____

_____

_____

_____

Hasta que los seres humanos no se persuadan de que
están totalmente en deuda con Dios, de que reciben
sus paternales cuidados, de que él es el autor de todo
bien y de que nada hay que buscar fuera de él, no
manifestarán verdadera devoción. Además, si no hallan
en él su felicidad, no se consagrarán de modo verdadero
y sincero a él.

JUAN CALVINO
Institución de la religión cristiana

A veces nuestras bendiciones nos llegan a través de
las pruebas que traen. A veces Dios nos libra de todas
nuestras pruebas. A veces él nos mantiene en las pruebas
para que otro pueda ser librado.

HEATHER WHITESTONE MCCALLUM
Let God Surprise You

CONOCE TU SEGURIDAD EN DIOS

Porque los gentiles buscan todas estas cosas; pero vuestro Padre celestial sabe que tenéis necesidad de todas estas cosas.

MATEO 6:32

Aunque Jesús lo dijo originalmente refiriéndose a cosas temporales, podemos tomarlo como un lema para el hijo de Dios en medio de todas las vicisitudes de su historia cambiante. ¿Cómo podría esta frase calmar todas las dudas, silenciar las quejas, conducir a una humilde sumisión incondicional: «Mi Padre celestial sabe que tengo necesidad de estas cosas»?

¿Dónde puede un niño estar más seguro y mejor que en las manos de su padre? ¿Dónde puede el creyente estar mejor que en las manos de su Dios? Por lo general, somos pésimos jueces de lo que es mejor. Estamos bajo una guía segura y con infalible sabiduría. Si en un momento de arrebato presuntuoso nos sentimos tentados a decir: «Todas estas cosas van contra mí», sirvan estas palabras para reprender tan irreflexivo e inadecuado pensamiento. La infalible sabiduría y el amor paternal lo han decretado todo como necesario.

Trata de cultivar un espíritu de más confianza como la de un niño en la voluntad del Padre celestial. No te han dejado solo y sin compañía para afrontar las tormentas en el desierto. ¡En absoluto! Hay una columna de nube de gracia ante ti. Síguela en los días soleados y en los de tormenta. Él te conducirá, no te guiará mal. La ternura caracteriza todos sus tratos.

JOHN MACDUFF

CONOCE MEJOR A DIOS

¿Qué padre de vosotros, si su hijo le pide pan, le dará una piedra? ¿o si pescado, en lugar de pescado, le dará una serpiente? ¿O si le pide un huevo, le dará un escorpión? Pues si vosotros, siendo malos, sabéis dar buenas dádivas a vuestros hijos, ¿cuánto más vuestro Padre celestial dará el Espíritu Santo a los que se lo pidan?

LUCAS 11:11-13

Tan compasivo es el Señor con los que le temen como lo es un padre con sus hijos.

SALMOS 103:13 NVI

Así que no se afanen por lo que han de comer o beber; dejen de atormentarse. El mundo pagano anda tras todas estas cosas, pero el Padre sabe que ustedes las necesitan.

LUCAS 12:29-30 NVI

PIENSA EN ELLO

En lugar de descansar en las manos de Dios, ¿has optado por tomar tú el control?

_____

_____

_____

¿Puedes decir que tienes «confianza como la de un niño» en la voluntad de Dios para ti?

_____

_____

_____

¿Estás seguro de que Dios suplirá tus necesidades de hoy?

_____

_____

_____

_____

Ni un pelo de nuestra cabeza cae al suelo sin
consentimiento de nuestro Padre celestial.

JONATHAN EDWARDS
Sermón «El Juicio Final»

Todas mis necesidades gratuitamente suple;
DÍA TRAS DÍA SU BONDAD COMPRUEBO.
Misericordias inagotables, nuevas cada mañana,

Me hablan del inmutable amor de Dios.

THOMAS O. CHISHOLM
«He Supplieth All of My Need»

CONOCE LA PRESENCIA DE DIOS

Si ustedes obedecen todos estos mandamientos que les doy, y aman al Señor su Dios, y siguen por todos sus caminos y le son fieles…

DEUTERONOMIO 11:22 NVI

La práctica de presencia de Dios, en mi opinión, contiene el todo de la vida espiritual. Me parece que todo aquel que lo practique debidamente llegará a ser espiritual en seguida.

Sé que para esto el corazón debe estar vacío de todas las demás cosas; solo Dios debe poseerlo, pero no es posible sin que esté vacío de todo lo demás; si no, no puede actuar y hacer en él lo que desea.

No hay en el mundo una vida tan agradable y deliciosa como la que mantiene una continua conversación con Dios: solo pueden entenderlo quienes la practican y experimentan. Pero no te estoy diciendo que lo hagas por ese motivo, porque no es consolación lo que debemos buscar en este ejercicio; debemos hacerlo puramente por amor, y porque Dios nos quiere en ello.

Si yo fuera predicador, mi prioridad sería predicar la práctica de la presencia de Dios; y si fuera director espiritual, la recomendaría a todo el mundo, pues creo que no hay nada tan necesario y tan sencillo.

Esta ha sido mi práctica devocional desde que entré en la vida religiosa. Aunque lo he hecho de manera muy deficiente, he encontrado grandes beneficios en ello. Y sé muy bien que todo esto debe atribuirse a la misericordia y bondad de Dios, porque no podemos hacer nada sin él.

HERMANO LORENZO

CONOCE MEJOR A DIOS

Pero el Consolador, el Espíritu Santo, a quien el Padre enviará en mi nombre, él os enseñará todas las cosas, y os recordará todo lo que yo os he dicho.

JUAN 14:26

Me has dado a conocer la senda de la vida; me llenarás de alegría en tu presencia, y de dicha eterna a tu derecha.

SALMOS 16:11 NVI

Y él dijo: Mi presencia irá contigo, y te daré descanso.

ÉXODO 33:14

PIENSA EN ELLO

¿Necesitas «vaciar» tu corazón de algo, para que Dios pueda tener completa posesión de él?

_____

_____

_____

_____

Cuando hablas con Dios, ¿tiene tu corazón una motivación de amor?

_____

_____

_____

_____

¿Es la tuya una vida que vive en la presencia de Dios?

_____

_____

_____

_____

Estar a solas y buscar el silencio no son ejercicios hedonistas para los momentos en que un alma sobrecargada necesita un poco de tiempo para sí misma. Más bien, son formas concretas de abrirse a la presencia de Dios.

RUTH HALEY BARTON
Invitation to Solitude and Silence

Dios no quería que yo hiciera más por él. Quería que estuviera más con él.

BRUCE WILKINSON
Secrets of the Vine

CONOCE LA BONDAD DE DIOS

Y sabemos que a los que aman a Dios, todas las cosas les ayudan a bien, esto es, a los que conforme a su propósito son llamados.

ROMANOS 8:28

¡Cuán maravillosa es la providencia de Dios al regir sobre las cosas más desordenadas y disponer para nuestro bien cosas que en sí mismas son perniciosas! Nos quedamos asombrados por su gran poder, que mantiene los cuerpos celestes en sus órbitas. Nos maravillamos ante la continua repetición de las estaciones y la renovación de la tierra. Pero esto no es tan maravilloso como cuando del mal saca bien en todas las complejas situaciones de la vida humana, y como cuando hace que incluso el poder y la malicia de Satanás, con la natural tendencia destructiva de sus obras, redunde en algo bueno para sus hijos.

Dios hace que todas las cosas ayuden a bien para quienes lo aman. Así debe ser, por tres razones. Primero, porque todas las cosas están bajo el control absoluto del Gobernador del universo. Segundo, porque Dios desea nuestro bien y nada más que nuestro bien. Tercero, porque ni Satanás mismo puede tocar un pelo de nuestra cabeza sin permiso de Dios y, de darse el caso, solo para nuestro bien.

No todas las cosas son buenas en sí mismas, no en su tendencia; pero Dios hace que todas las cosas obren en nuestro bien. Nada entra en nuestra vida por ciega casualidad, ni hay accidentes. Todo lo mueve Dios con este fin en mente: nuestro bien.

Todo está subordinado al propósito eterno de Dios y sirve para bendición de los predestinados a ser conforme a la imagen de su Hijo. Todo sufrimiento, dolor y pérdida son instrumentos que nuestro Padre usa para beneficio de los creyentes.

A. W. Pink

CONOCE MEJOR A DIOS

Mas el Dios de toda gracia, que nos llamó a su gloria eterna en Jesucristo, después que hayáis padecido un poco de tiempo, él mismo os perfeccione, afirme, fortalezca y establezca.

1 Pedro 5:10

Dichoso el que resiste la tentación porque, al salir aprobado, recibirá la corona de la vida que Dios ha prometido a quienes lo aman.

Santiago 1:12 nvi

PIENSA EN ELLO

¿Cuándo fue la última vez que te sentiste maravillado ante el poder de Dios?

_____

_____

_____

_____

¿Puedes reconocer que Dios desea tu bien, incluso ante la adversidad?

_____

_____

_____

_____

¿Hay una manera en que puedas ministrar a otros, basándote en tu propio sufrimiento, aflicción o pérdida?

_____

_____

_____

_____

¿Acaso hay algo que Jesucristo te ha pedido que hagas y no sea para tu bien?

BILLY SUNDAY
The Best of Billy Sunday

Lo hermoso del amor de Dios es que es un amor que da, un amor que fluye en abundancia, con bondad, generosidad y bien.

ROY LESSIN
Today Is Your Best Day

CONOCE QUÉ ES CAMINAR CON DIOS

Andad en él.

COLOSENSES 2:6

Si hemos recibido a Cristo en lo más profundo de nuestro corazón, nuestra nueva vida manifestará su íntima relación con él andando un camino de fe en él. Caminar implica acción. Nuestra vida religiosa no debe estar guardada en un mueble; debemos llevar a la práctica lo que creemos.

Si un hombre anda en Cristo, actúa como Cristo actuaría; porque, al estar Cristo en él, su esperanza, su amor, su alegría, su vida, es el reflejo de la imagen de Jesús, lo que hace que la gente diga: «Él es como su Señor».

Andar significa progreso. Avanzar de gracia en gracia, ir hacia delante hasta llegar al grado superior de conocimiento sobre nuestro amado Señor que una persona puede alcanzar. Andar implica continuidad. Debe haber un constante permanecer en Cristo. ¡Cuántos cristianos piensan que por la mañana y por la noche deben procurar la compañía de Jesús, y que luego pueden entregar sus corazones al mundo todo el día! Pero esta es una vida muy pobre. Tenemos que estar siempre con él, siguiendo sus pasos y haciendo su voluntad.

Andar también implica hábito. Cuando hablamos del andar y la manera de comportarse de una persona, nos referimos a sus hábitos, el tono constante de su vida. Ahora bien, si a veces disfrutamos de Cristo y luego lo olvidamos todo el día, si lo llamamos nuestro y luego nos soltamos de su mano, entonces no se trata de un hábito, no estamos andando en él. Debemos seguir con él, aferrados a él, sin abandonarlo. Es decir, vivir y tener nuestro ser en él.

Charles H. Spurgeon

CONOCE MEJOR A DIOS

Por lo demás, hermanos, les pedimos encarecidamente en el nombre del Señor Jesús que sigan progresando en el modo de vivir que agrada a Dios, tal como lo aprendieron de nosotros. De hecho, ya lo están practicando.

1 TESALONICENSES 4:1 NVI

El que afirma que permanece en él, debe vivir como él vivió.

1 JUAN 2:6 NVI

Sed, pues, imitadores de Dios como hijos amados. Y andad en amor, como también Cristo nos amó, y se entregó a sí mismo por nosotros, ofrenda y sacrificio a Dios en olor fragante.

EFESIOS 5:1-2

PIENSA EN ELLO

¿Describirías tu andar de fe como un andar de acción o de inacción?

_____

_____

_____

_____

¿Puedes ver progreso en tu caminar con Dios?

_____

_____

_____

_____

Cuando los demás observan tu vida, ¿pueden decir: «Él es como su Señor»?

_____

_____

_____

_____

En Dios no hay tristeza ni dolor ni angustia. Para estar libre de todo dolor y angustia, permanece y camina en Dios y solo para Dios.

MEISTER ECKHART
Meister Eckhart's Sermons

Prefiero caminar con Dios en la oscuridad que ir sola en la luz.

MARY GARDINER BRAINARD
Not Knowing

Andar con Dios implica elegir deliberadamente sumergirnos en sus caminos, con su pueblo y en su reino.

THOMAS BLACKABY
Encounters with God Daily Bible

CONOCE LA NATURALEZA INMUTABLE DE DIOS

Ciertamente les aseguro que, antes de que Abraham naciera, ¡yo soy!

JUAN 8:58 NVI

Cristo adopta como propio el nombre «Yo soy». Estas sencillas palabras, *yo soy*, expresan por tanto la eternidad y la naturaleza inmutable de la existencia, que es el primer elemento necesario en un Dios del que depender. No podríamos depender de un Dios que cambia. Él debe ser el mismo ayer, hoy y por siempre, si queremos tener alguna paz o consuelo.

Pero ¿es eso todo lo que su nombre implica, simplemente «yo soy»? «¿Yo soy qué?», nos preguntamos. ¿Qué incluye este «yo soy»? Creo que incluye todo lo que el corazón humano anhela y necesita. Este abierto nombre de Dios me parece un cheque en blanco firmado por un gran amigo que nos lo entrega para rellenarlo con la cantidad que deseemos. La Biblia en su totalidad nos dice lo que significa. Todos los atributos de Dios, cada revelación de su carácter, cada prueba de su amor eterno, cada expresión de su atento cuidado, cada afirmación de sus propósitos de misericordia, cada manifestación de su amorosa bondad… todo ello completa la expresión «yo soy».

Dios define su esencia a través de todas las páginas de su libro. «Yo soy —dice— todo lo que mi pueblo necesita»: «Yo soy su fuerza»; «Yo soy su sabiduría»; «Yo soy su justicia»; «Yo soy su paz»; «Yo soy su salvación»; «Yo soy su vida»; «Yo soy su todo en todos».

HANNAH WHITALL SMITH

CONOCE MEJOR A DIOS

Y respondió Dios a Moisés: YO SOY EL QUE SOY. Y dijo:
Así dirás a los hijos de Israel: YO SOY me envió a vosotros.

ÉXODO 3:14

Así dice el Señor, el SEÑOR Todopoderoso,
rey y redentor de Israel:
Yo soy el primero y el último;
fuera de mí no hay otro dios.

ISAÍAS 44:6 NVI

Ahora pues, Padre, glorifícame tú al lado tuyo, con aquella
gloria que tuve contigo antes que el mundo fuese.

JUAN 17:5

PIENSA EN ELLO

¿Anhela tu corazón algo que el Dios inmutable puede dar?

_____

_____

_____

_____

¿Qué es lo que estás intentando conquistar por tu cuenta?

_____

_____

_____

_____

¿Cómo puede el «Yo soy» satisfacer esa necesidad?

_____

_____

_____

_____

Dios es siempre el mismo. Él no está compuesto de ninguna sustancia o materia, él es espíritu —puro, esencial y etéreo— y, por lo tanto, es inmutable.

CHARLES H. SPURGEON
Sermón «La inmutabilidad de Dios»

Dios no será mañana diferente de lo que es hoy. Su amor por nosotros es el mismo. Su poder para satisfacer nuestras necesidades no cambia.

JIM CYMBALA Y DEAN MERRILL
Fresh Faith

DÍA 11

CONOCE QUE DIOS ES LUZ

Dios es luz, y no hay ningunas
tinieblas en él.
1 Juan 1:5

Ven a Dios con todos tus deseos e inclinaciones, con todos tus nobles ideales, todos tus anhelos de pureza y abnegación, todas tus ansias de amar y ser veraz, todas tus aspiraciones en cuanto a negarte a sí mismo y ser como un niño; ven a él con todas tus debilidades, todas tus vergüenzas, todas tus futilidades; con toda tu impotencia contra tus propios pensamientos; con todo tu fracaso, todas tus dudas, temores, fraudes, bajezas, decepciones, juicios erróneos, abatimientos, decepciones y estancamientos. Ten la seguridad de que te pondrá a ti y a todas tus miserias bajo su cuidado, en su ilimitado corazón. Él es la luz, y en él no hay tinieblas. Si se tratara de un rey o un gobernador, si su nombre fuera únicamente el Todopoderoso, podrías dudar de que hubiera suficiente luz en él para ti y tu oscuridad. Pero él es tu Padre, y lo es con la intensidad con que ese nombre puede sonar en los labios de quien dijo: «… mi Padre, que es Padre de ustedes; a mi Dios, que es Dios de ustedes» (NVI).

Como Padre, él es luz; una luz infinita, perfecta. Si fuera menos o distinto de quien es, y tú pudieras seguir creciendo, llegarías al final al punto en que no estarías satisfecho con él; pero él es luz, y en él no hay tiniebla alguna.

GEORGE MACDONALD

CONOCE MEJOR A DIOS

Toda buena dádiva y todo don perfecto descienden de lo alto, donde está el Padre que creó las lumbreras celestes, y que no cambia como los astros ni se mueve como las sombras.

SANTIAGO 1:17 NVI

Otra vez Jesús les habló, diciendo: Yo soy la luz del mundo; el que me sigue, no andará en tinieblas, sino que tendrá la luz de la vida.

JUAN 8:12

… la cual a su tiempo mostrará el bienaventurado y solo Soberano, Rey de reyes, y Señor de señores, el único que tiene inmortalidad, que habita en luz inaccesible; a quien ninguno de los hombres ha visto ni puede ver, al cual sea la honra y el imperio sempiterno. Amén.

1 TIMOTEO 6:15-16

PIENSA EN ELLO

¿Hay alguna oscuridad a la que te estás enfrentando?

_____

_____

_____

_____

¿Confías en que tu Padre sea tu luz?

_____

_____

_____

_____

¿Piensas en lo que será vivir en la infinita luz del Padre por toda la eternidad?

_____

_____

_____

_____

Cristo es la verdadera luz del mundo, solo a través de él se imparte la verdadera sabiduría a la mente.

JONATHAN EDWARDS
Sermón «Dios glorificado en la dependencia del hombre»

La luz de Dios brilla tanto dentro como fuera de nosotros, y al aprender a acogerlo dentro empezamos a percibirlo fuera.

AGNES SANFORD
The Healing Light

CONOCE EL GRAN NOMBRE DE DIOS

*Y toda lengua confiese que Jesucristo es
el Señor, para gloria de Dios Padre.*

FILIPENSES 2:11

Hay quienes dicen que Julio César fue el hombre más grande que haya existido. El profesor Ridpath dice que era cabeza y hombros más alto que la época en que vivió.

Pero ¿anunciaron los ángeles el nacimiento de Julio César? ¿Se negó el sol a presenciar su asesinato en la cámara del senado? ¿Tenía Julio César el poder de dar su vida y volverla a tomar? ¿Fue en el nombre de Julio César en el que los apóstoles predicaron y los mártires murieron? César y su reino son cosas del pasado, y si no fuera por la historia escrita estarían en el olvido.

Pero hoy el nombre de Jesús es alabado más que nunca. Puedes ir a las más remotas islas y encontrarás allí su nombre. Puedes visitar países de todas las latitudes y su nombre está allá. Sube al punto más alto de la tierra y desciende al más bajo, y verás que se conoce y se ama el nombre de Jesús. Su nombre abarca la eternidad pasada y la eternidad venidera. Ha habido grandes nombres que han ofrecido distintas esperanzas, pero solo uno de ellos es la verdadera esperanza del mundo.

A. B. Simpson

CONOCE MEJOR A DIOS

*Si alguien reconoce que Jesús es el Hijo de Dios, Dios está en
ellos y ellos en Dios.*

1 JUAN 4:15 NVI

*Y recibió la circuncisión como señal, como sello de la justicia
de la fe que tuvo estando aún incircunciso; para que fuese
padre de todos los creyentes no circuncidados, a fin de que
también a ellos la fe les sea contada por justicia.*

ROMANOS 4:11

*Bendígase el nombre tuyo, glorioso y alto sobre toda
bendición y alabanza.*

NEHEMÍAS 9:5

PIENSA EN ELLO

.

¿Hay algún otro nombre a lo largo de la historia por el que valiera la pena sufrir martirio, como Jesús?

_____

_____

_____

_____

¿Puedes recordar la primera vez que escuchaste el nombre de Jesús?

_____

_____

_____

_____

¿Es para ti un tema de oración que el nombre de Jesús sea llevado a aquellos que nunca han oído hablar de él?

_____

_____

_____

_____

El nombre de Dios es tan importante que, en el cielo, su sola mención produce adoración.

BILL BRIGHT
The Joy of Faithful Obedience

Desea no vivir sino para alabar su nombre; que todos tus pensamientos, palabras y obras sean para su gloria.

JOHN WESLEY
La perfección cristiana

CONOCE A DIOS EN SU DISCIPLINA

He aquí, amargura grande me sobrevino en la paz, mas a ti agradó librar mi vida del hoyo de corrupción; porque echaste tras tus espaldas todos mis pecados.

ISAÍAS 38:17

Dado que los impíos no saben que la mano de Dios los gobierna, creen que la mayoría de sus problemas suceden por casualidad. Son semejantes a un joven mal encaminado, que deja la casa de su padre y se marcha lejos, pero, cuando está a punto de morir de hambre, frío y otros males, confiesa que le ha caído el justo castigo de su estupidez. No entiende que sus problemas sean el castigo de su padre. Así los impíos, habiéndose apartado de Dios y de su familia, no entienden que todavía están al alcance de la mano de Dios.

No perdamos de vista que no podemos notar el amor de Dios en nuestras aflicciones si no estamos convencidos de que son la vara con la que nuestro Padre nos disciplina por nuestros pecados. Aunque la mano de Dios está sobre los de su casa y sobre los de fuera, se muestra sobre los primeros para manifestar su especial cuidado por ellos. La verdadera solución de nuestro problema es la siguiente: la persona que sabe y está convencida de que Dios la está disciplinando debe al instante considerar que Dios la aflige porque la ama. Si Dios no te amara, no le importaría tu salvación. Dios se presenta como Padre a todos los que soportan la corrección. En definitiva, cuando Dios nos corrige, lo hace solo como nuestro Padre, con tal que nos rindamos a él y le obedezcamos.

JUAN CALVINO

CONOCE MEJOR A DIOS

Ciertamente, ninguna disciplina, en el momento de recibirla, parece agradable, sino más bien penosa; sin embargo, después produce una cosecha de justicia y paz para quienes han sido entrenados por ella.

HEBREOS 12:11 NVI

El mandamiento es una lámpara,
la enseñanza es una luz
y la disciplina es el camino a la vida.

PROVERBIOS 6:23 NVI

Bienaventurado el hombre a quien tú, JAH, corriges,
Y en tu ley lo instruyes.

SALMOS 94:12

PIENSA EN ELLO

¿Puedes pensar en algún momento en que Dios te disciplinó?

_____

_____

_____

_____

¿Cómo reaccionaste frente a esa disciplina?

_____

_____

_____

_____

¿Deseas la disciplina de Dios para que tu relación con él pueda ser restaurada?

_____

_____

_____

_____

La corrección amorosa es parte del amor.

DEAN MERRILL
Wait Quietly

Nuestro Padre celestial tiene que reprendernos (a través de su Palabra y de nuestros líderes) para sacar a la luz nuestra impiedad y evitar que los ardides de Satanás nos hagan daño.

JUANITA BYNUM
My Spiritual Inheritance

Si supiéramos cuánto nos ama, siempre estaríamos listos para recibir por igual de su mano lo dulce y lo amargo. ¡Todo lo que viene de él nos agrada!

HERMANO LORENZO
La práctica de la presencia de Dios

CONOCE LA AMOROSA VOLUNTAD DE DIOS

Si obedecen mis mandamientos,
permanecerán en mi amor, así como
yo he obedecido los mandamientos de
mi Padre y permanezco en su amor.

JUAN 15:10 NVI

Jesús ha dicho que vivimos en su amor mediante la obediencia. Nos dice que así vivió él el amor del Padre. Como la vid, así la rama. Su vida, su fortaleza y su alegría estaban en el amor del Padre.

Él fue hecho semejante a nosotros en todas las cosas, para que podamos ser como él en todas. Abrió un camino en el que podemos andar como él anduvo. Él tomó nuestra naturaleza humana para enseñarnos a usarla. Nos mostró cómo la única forma de vivir en la gracia de Dios y entrar en su gloria es la obediencia. Y ahora acude a instruirnos y animarnos, y nos pide que guardemos sus mandamientos, así como él guardó los mandamientos de su Padre y vivió en su amor.

La voluntad de Dios es el centro de su perfección divina. Al revelarse en sus mandamientos, nos abre el camino a nosotros, su creación, para crecer en la semejanza del Creador. Al aceptar y hacer su voluntad, entramos en comunión con él. Nuestra vida ha de ser el complemento exacto de la vida de Cristo.

Oh Señor, solo estoy empezando a comprender exactamente cómo la vida de la vid ha de ser la de la rama también. Tú eres la vid, porque el Padre te amó y derramó su amor a través de ti. Mi vida como rama es ser como tú, un constante recibir y dar amor celestial.

ANDREW MURRAY

CONOCE MEJOR A DIOS

Pero el que guarda su palabra, en éste verdaderamente el amor de Dios se ha perfeccionado; por esto sabemos que estamos en él.

1 JUAN 2:5

Siervos, obedeced a vuestros amos terrenales con temor y temblor, con sencillez de vuestro corazón, como a Cristo; no sirviendo al ojo, como los que quieren agradar a los hombres, sino como siervos de Cristo, de corazón haciendo la voluntad de Dios.

EFESIOS 6:5-6

[Dios] os haga aptos en toda obra buena para que hagáis su voluntad, haciendo él en vosotros lo que es agradable delante de él por Jesucristo; al cual sea la gloria por los siglos de los siglos. Amén.

HEBREOS 13:21

PIENSA EN ELLO

¿En qué aspectos estás viviendo tu vida de acuerdo con la voluntad de Dios?

_____

_____

_____

_____

¿En qué sentido puede que no estés viviendo en la voluntad de Dios?

_____

_____

_____

¿Elegirás situarte cada día en el centro de la voluntad de Dios, sin importar el precio?

_____

_____

_____

_____

¿Cómo podemos expresar amor a Dios? Expresamos nuestro amor poniéndole en el centro de todo lo que somos y esperamos ser y obedeciéndole sin reservas.

JACK Y DONA EGGAR
Shaping Your Family's Faith

Solo hay una forma de amar a Dios: no dar ni un paso sin él, y seguirle con un corazón valiente dondequiera que nos guíe.

FRANÇOIS FENELON
Christian Perfection

CONOCE LA ACEPTACIÓN DE DIOS

Gócense y alégrense en ti
todos los que te buscan,
Y digan siempre los que
aman tu salvación:
Jehová sea enaltecido.

SALMOS 40:16

¿Tienes miedo de venir a Dios? Tu temor es innecesario. No serás echado fuera si quieres entrar en el camino de la fe en Cristo. Nuestro Dios no tiene el puño cerrado. Nuestro Padre que está en el cielo está lleno de misericordia, amor y gracia. Yo no cedo un ápice en el deseo de promover el amor, la misericordia y la ternura de Dios Padre.

Sabemos que Dios es santo. Sabemos que él es justo. Creemos que puede estar enojado con los que continúan en el pecado. Pero también creemos que, para quienes se acercan a él en Cristo Jesús, él es el más misericordioso, más amoroso, más tierno y más compasivo. Les aseguro que la cruz de Jesucristo fue el resultado y consecuencia de ese amor.

La cruz no es la causa y motivo de la misericordia de Dios, sino el resultado y la consecuencia del amor eterno de Dios Padre, Dios Hijo y Dios Espíritu Santo hacia un mundo pobre, perdido y arruinado. Acérquense en fe por este camino vivo, Cristo Jesús, al Padre. No crean ni por un momento que, si se acercan a Dios el Padre por Cristo, el Padre no los recibirá. Él los acogerá con mucho gusto. Como el padre al hijo pródigo cuando corrió a reunirse con él y se echó sobre su cuello y le besó, así recibirá Dios Padre al alma que se acerca a él en el nombre de Cristo.

J. C. RYLE

CONOCE MEJOR A DIOS

*Sino que en toda nación él ve con agrado a los que le temen y
actúan con justicia.*

HECHOS 10:35 NVI

*Para alabanza de su gloriosa gracia, que nos concedió en su
Amado.*

EFESIOS 1:6 NVI

PIENSA EN ELLO

¿Alguna vez has tenido miedo de acercarte a Dios por temor de ser «rechazado»?

_____

_____

_____

_____

¿Cómo puedes acercarte a Dios?

_____

_____

_____

_____

¿La aceptación de Dios es suficiente para ti, incluso si implica perder la aceptación de otras personas en tu vida?

_____

_____

_____

_____

La salvación de Dios no es una compra que hacer, ni salarios que ganar, ni una cumbre que culminar, ni una tarea que realizar; es única y simplemente un regalo que hay que aceptar, y solo puede ser aceptado por fe.

HANNAH WHITALL SMITH
The God of All Comfort

La salvación no depende de lo que eres, sino de lo que él es. Por cada mirada a ti mismo, dirige diez miradas a Cristo.

F. B. MEYER
The Shepherd Psalm

DÍA 16

CONOCE EL GOZO DE LA OBEDIENCIA A DIOS

Ésta fue la oración y confesión que le hice: «Señor, Dios grande y terrible, que cumples tu pacto de fidelidad con los que te aman y obedecen tus mandamientos…».

DANIEL 9:4 NVI

En principio, la obediencia a Dios es de la misma calidad que la obediencia a los padres. Implica la renuncia a nuestro propio camino y seguir el de otro. Los mandamientos de nuestro Padre celestial están dirigidos por el amor. Todos ellos son en interés de aquellos a quienes se mandan. Los mandamientos de Dios no se pronuncian en severidad ni en tiranía. Se dictan siempre en amor y en interés nuestro y, por tanto, lo apropiado es que los escuchemos y obedezcamos.

La obediencia es el amor cumpliendo cada mandato, es amor expresándose. La obediencia, por lo tanto, no es una dura exigencia sobre nosotros. El amor se deleita en obedecer y agradar a quien ama. No hay trabajos penosos en el amor. No hay tareas imposibles para el amor. La obediencia va por delante de todos y cada uno de los mandamientos. Es el amor obedeciendo de antemano. Se equivocan mucho, e incluso pecan, quienes declaran que las personas están obligadas a practicar el pecado, ya sea por su entorno, su herencia o sus inclinaciones. Los mandamientos de Dios son caminos deleitosos, y son paz sus senderos.

La obediencia en amor nos coloca en el lugar donde podemos pedir cualquier cosa en su nombre, con la garantía de que él lo va a hacer. La obediencia en amor nos introduce en el reino de la oración y nos hace beneficiarios de la riqueza de Cristo y de las abundancias de su gracia. La obediencia gozosa a Dios nos cualifica para orar de forma eficaz. Esta obediencia debe ser amorosa, constante, siempre haciendo la voluntad del Padre, y siguiendo con alegría la senda de los mandamientos de Dios.

E. M. Bounds

CONOCE MEJOR A DIOS

*Mas esto les mandé, diciendo: Escuchad mi voz, y seré a
vosotros por Dios, y vosotros me seréis por pueblo; y andad en
todo camino que os mande, para que os vaya bien.*

JEREMÍAS 7:23

*Nunca se apartará de tu boca este libro de la ley, sino que
de día y de noche meditarás en él, para que guardes y hagas
conforme a todo lo que en él está escrito; porque entonces
harás prosperar tu camino, y todo te saldrá bien.*

JOSUÉ 1:8

*Este es el amor: para guardar sus mandamientos. Y sus
mandamientos no son gravosos.*

1 JUAN 5:3 NVI

PIENSA EN ELLO

¿Cuál es el beneficio de la obediencia?

_____

_____

_____

_____

¿Hay un área en tu vida en la que necesites confesar tu desobediencia?

_____

_____

_____

_____

Dios te perdonará cuando te arrepientas de la desobediencia. ¿Te perdonarás tú mismo y seguirás adelante con alegría?

_____

_____

_____

_____

Obedece a Dios y déjale a él todas las consecuencias.

CHARLES F. STANLEY
30 Life Principles Study Guide

No habrá paz en un alma hasta que esté dispuesta a obedecer la voz de Dios.

D. L. MOODY
Short Talks

Simplemente necesitamos hacer aquello para lo que hemos sido creados: amar al Señor nuestro Dios, obedecer a su voz, aferrarnos a él.

KAY ARTHUR
Our Covenant God

CONOCE A DIOS COMO REDENTOR

El que ama a su hermano, permanece
en la luz, y en él no hay tropiezo.

1 JUAN 2:10

En las edades de la eternidad, el Hijo de Dios se convirtió, en el cumplimiento de los tiempos, en el Hijo del Hombre. Se convirtió en la luz del mundo, así como en el Cordero de Dios. En cada aspecto de hacer la voluntad, así como la obra de Dios, revela por tanto el maravilloso amor y gracia del Padre y su propia condición perfecta de Hijo. La voluntad del Padre incluía que Cristo acepte de buen grado a todos los que vienen a él, que supla todas sus necesidades, los salve, santifique, sacie, guarde y los resucite en el día final, que se entregue a sí mismo por y para todos los que el Padre le dio.

Nos faltaría el tiempo para enumerar los distintos propósitos y actos de auténtico servicio que se cumplieron en él. El Hijo de Dios es el Pariente cercano que tiene el derecho de redimir, el Amigo que se muestra más unido que un hermano, es Aquel que ha venido, no solo para ser la Luz del mundo, sino en un sentido especial para ser la Luz de sus redimidos.

El Amigo que está más unido que un hermano es precioso en todo momento, pero nunca se le valora tanto como en la adversidad. La expresión «la luz del mundo» nos habla no solo de la oscuridad de alrededor, sino de la que hay dentro. El resplandor del rostro del Hijo disipa las tinieblas y la oscuridad, manifiesta la presencia del Amigo en momentos de necesidad, y nos muestra al Redentor.

Hudson Taylor

CONOCE MEJOR A DIOS

Este es el mensaje que hemos oído de él, y os anunciamos: que Dios es luz, y en él no hay tinieblas.

1 JUAN 1:5 NVI

Enemiga mía, no te alegres de mi mal.
Caí, pero he de levantarme;
vivo en tinieblas, pero el Señor es mi luz.

MIQUEAS 7:8 NVI

Porque sol y escudo es Jehová Dios;
Gracia y gloria dará Jehová.
No quitará el bien a los que andan en integridad.

SALMOS 84:11

PIENSA EN ELLO

¿Qué significa ser «redimido» por Dios?

_____

_____

_____

_____

¿Has experimentado la obra redentora de Dios en tu vida?

_____

_____

_____

_____

¿Hay alguien que sepas que necesita oír acerca de la redención?

_____

_____

_____

_____

Esta es la más grande visión que jamás contemplarás:
el Hijo de Dios e Hijo del Hombre, colgado, sufriendo
indecibles dolores, el justo por los injustos, para
llevarnos a Dios. ¡Oh, la gloria de ver esto!

CHARLES SPURGEON
All of Grace

Dios, sin dejar de ser completamente Dios, se hizo
también plenamente hombre, para así poder entregarse a
una cruz de castigo como representante nuestro. Ese era
Jesús, tanto Hijo de Dios como Hijo del Hombre, y eso
es lo que Jesús hizo.

J. BUDZISZEWSKI
How to Stay Christian in College

DÍA 18

CONOCE EL AMOR DE DIOS FRENTE AL DEL HOMBRE

Porque habrá hombres amadores de sí mismos, avaros, vanagloriosos, soberbios, blasfemos, desobedientes a los padres, ingratos, impíos.

2 TIMOTEO 3:2

Lo normal para los iguales es amar; y para los superiores, ser amado. Pero que el Rey de reyes, el Hijo de Dios, Jesucristo ame a los hombres… es increíble. Los amados por él se llaman transgresores, pecadores y enemigos. Sin embargo, tan grande, alta y gloriosa persona los ama.

El amor que hay en Cristo es diferente del que hay en nosotros. El nuestro es una pasión del alma, y por tanto está sujeta a idas y venidas, y a los extremos de ambas. Pues lo que es una pasión del alma, sea amor u odio, alegría o temor, es más probable que se exceda o no llegue, y no que se mantenga dentro de sus límites. A menudo, lo que hoy es amado mañana es odiado. Sí, y lo que debe ser amado dentro de los límites de la moderación se ama hasta hundir el alma y el cuerpo en destrucción y perdición.

Además, el amor en nosotros elegirá probablemente objetos indebidos o ilícitos. El amor en nosotros requiere que en el objeto amado haya algo agradable y placentero. El amor en nosotros mengua si el objeto de nuestro amor defrauda nuestras expectativas. Todo esto sabemos que es cierto. Nuestro amor es débil, desordenado, fracasa y no da buen fruto, ya sea por exceso o por defecto. El amor que hay en Cristo no es amor de la misma naturaleza que el nuestro. El amor en él es esencial a su ser.

Juan Bunyan

CONOCE MEJOR A DIOS

Este es mi mandamiento: Que os améis unos a otros, como yo os he amado.

JUAN 15:12

Así como el Padre me ha amado a mí, también yo los he amado a ustedes. Permanezcan en mi amor.

JUAN 15:9 NVI

Y nosotros hemos conocido y creído el amor que Dios tiene para con nosotros. Dios es amor; y el que permanece en amor, permanece en Dios, y Dios en él.

1 JUAN 4:16

PIENSA EN ELLO

¿A quién y qué amas?

_____

_____

_____

_____

¿Hay alguien en tu vida que sea difícil de amar?

_____

_____

_____

_____

¿Cómo podrías comenzar a amar a esa persona como Dios la ama?

_____

_____

_____

_____

Dios siempre busca a aquellos que ama. Esa es su naturaleza, la naturaleza del Amor.

THOMAS BLACKABY
Encounters with God Daily Bible

Dios quiere enseñarte lo que es el amor verdadero, cuando llegues a experimentar y comprender su amor por ti.

BILLY GRAHAM
Respuestas a las preguntas de la vida

El amor es el carácter de Dios, y no simplemente una emoción.

DAVID G. BENNER
Surrender to Love

CONOCE A DIOS COMO AMADO AMIGO

Su paladar es la dulzura misma;

¡él es todo un encanto!

¡Tal es mi amado, tal es mi

amigo, mujeres de Jerusalén!

CANTAR DE LOS CANTARES 5:16 NVI

Las palabras: «tu Dios» implican la relación de un amigo. Un amigo es, como dice san Agustín, la mitad de uno mismo. Investiga y desea cómo hacer bien a su buen amigo. Fomenta su bienestar como el propio. Jonatán se arriesgó a recibir el disgusto del rey por su amigo David. Dios es nuestro amigo; por lo tanto, dispondrá todas las cosas para nuestro bien. Hay falsos amigos. Cristo fue traicionado por un amigo. Pero Dios es el mejor amigo.

Dios es un amigo fiel. Él es fiel en su amor. Nos dio su corazón cuando entregó al Hijo de su seno. Ahí vemos un modelo de amor sin parangón. Él es fiel en sus promesas. Él es fiel en sus relaciones.

Dios es un amigo permanente. Los amigos humanos suelen fallar en caso de necesidad. Muchos tratan a sus amigos como hacen las mujeres con las flores: mientras están frescas se las colocan de adorno, pero cuando comienzan a decaer las arrojan a la basura. En consecuencia, si en alguien brilla la prosperidad los amigos se fijarán en él; pero si lo cubre una nube de adversidad, no se le acercan. Sin embargo, Dios es un amigo para siempre. Aunque David anduvo por sombras de muerte, sabía que tenía un amigo en él. Dios, como amigo, dispondrá todas las cosas para nuestro bien. Un amigo busca el bien de su amigo. Dios nunca apartará su amor de su pueblo.

THOMAS WATSON

CONOCE MEJOR A DIOS

¡Qué días aquellos, cuando yo estaba en mi apogeo y Dios bendecía mi casa con su íntima amistad!

JOB 29:4 NVI

Acercaos a Dios, y él se acercará a vosotros. Pecadores, limpiad las manos; y vosotros los de doble ánimo, purificad vuestros corazones.

SANTIAGO 4:8

Y se cumplió la Escritura que dice: Abraham creyó a Dios, y le fue contado por justicia, y fue llamado amigo de Dios.

SANTIAGO 2:23

PIENSA EN ELLO

¿Ha habido algún momento en que un amigo te ha fallado?

_____

_____

_____

_____

¿Alguna vez le has fallado a un amigo?

_____

_____

_____

_____

¿Conoces a Dios como un amigo que siempre es fiel y procura tu bien?

_____

_____

_____

_____

Jamás podríamos cansarnos de lo que tenemos en tan buen y fiel Amigo que nunca nos fallará en este mundo ni en el venidero.

HERMANO LORENZO
La práctica de la presencia de Dios

Cristo es el amigo más manso, tierno, compasivo y perdonador. Si no destacase en estas cosas en grado infinito, no podría ser nuestro amigo. Le hemos herido más que a ninguna otra persona en el universo; y hemos hecho más por afrentarlo y provocar su ira de lo que nunca se ha hecho a nadie.

SAMUEL HOPKINS
Sermón «La amistad entre Jesucristo y los creyentes»

CONOCE LAS MISERICORDIAS DE DIOS

A cambio de ti entregaré hombres;
¡a cambio de tu vida entregaré pueblos!
Porque te amo y eres ante mis ojos
precioso y digno de honra.

Isaías 43:4 NVI

Nuestra obligación de amar, honrar y obedecer a cualquier ser está en proporción con su hermosura, honorabilidad y autoridad. Cuando decimos que alguien es muy precioso, es lo mismo que decir que es alguien digno de ser muy amado. O, si nos dicen que tal persona es más honorable que otra, el significado de las palabras es que se trata de alguien a quien estamos más obligados a honrar.

Pero Dios es un ser infinitamente precioso. Su excelencia y belleza son infinitas, como lo son su grandeza, majestad y gloria; por lo tanto, él es infinitamente digno de honor. Él es exaltado infinitamente por encima de los más grandes reyes de la tierra, y por lo tanto es infinitamente más honorable que ellos. Él es infinitamente digno de ser obedecido, y tenemos una absoluta, universal e infinita dependencia de él.

Tú has vivido esa perversa vida; hubiera sido más justo que Dios te rechazara. Pero él ha tenido misericordia de ti. Hizo aparecer su gloriosa gracia para tu salvación eterna. Tú no tenías amor a Dios; sin embargo, él desplegó un inefable amor por ti. Tan gran valor tiene la gracia de Dios en ti que has sido redimido por el precio de la sangre de su propio Hijo. Dios te ha hecho coheredero con Cristo de su gloria. En el pasado fuiste ingrato ante sus misericordias; sin embargo, Dios no solo siguió mostrándotelas, sino que te otorgó misericordias indeciblemente mayores.

JONATHAN EDWARDS

CONOCE MEJOR A DIOS

Tú, Señor, eres bueno y perdonador;
grande es tu amor por todos los que te invocan.

SALMOS 86:5 NVI

Nuestro Redentor, Jehová de los ejércitos es su nombre, el
Santo de Israel.

ISAÍAS 47:4

Acerquémonos, pues, confiadamente al trono de la gracia,
para alcanzar misericordia y hallar gracia para el oportuno
socorro.

HEBREOS 4:16

PIENSA EN ELLO

Si Dios es digno de nuestro amor, honor y obediencia, ¿puedes ser infinitamente dependiente de él?

_____

_____

_____

_____

¿Qué misericordias te ha concedido Dios?

_____

_____

_____

_____

¿Le das las gracias por su misericordia en tu vida o tiendes a descuidar la expresión de tu gratitud?

_____

_____

_____

_____

¿En qué hemos de gloriarnos sino en la cruz de Cristo,
por la cual Dios satisfizo su amor y su justicia, su
misericordia y su santidad, y mostró a todo el mundo
que él salva a todos los que confiamos en él?

MARK DEVER
Twelve Challenges Churches Face

Él ha hecho a Cristo heredero de todas las cosas, y te ha
hecho coheredero con él; por lo tanto, te ha dado todo.

CHARLES H. SPURGEON
Sermón «Dios en el Pacto»

CONOCE A DIOS JUNTOS EN UN MISMO SENTIR

El amor de Cristo nos obliga, porque
estamos convencidos de que uno murió por
todos, y por consiguiente todos murieron.

2 CORINTIOS 5:14 NVI

Ver a Dios en todo nos hará ser amables y pacientes con los que molestan y dan problemas. Ellos serán entonces para nosotros únicamente los medios para llevar a cabo sus tiernos y sabios propósitos con nosotros. Incluso nos encontraremos agradeciéndoles las bendiciones que nos traen.

Si nuestro Padre permite una prueba, debe ser porque es lo mejor que nos podría ocurrir. Debemos aceptarla de su querida mano con agradecimiento. La prueba en sí puede ser difícil, y no quiero decir que se puede disfrutar del sufrimiento, pero podemos y debemos amar la voluntad de Dios en la prueba porque su voluntad siempre es buena, ya sea en la alegría o en la tristeza.

Si eres realmente uno con Cristo, de un mismo sentir, serás amable con quienes interactúan contigo. Lo soportarás todo y no te quejarás. Cuando te insulten, no devolverás los insultos y no sentirás sino amor en respuesta. Buscarás el honor de los demás en lugar del propio. Ocuparás el lugar más bajo y serás el siervo de todos, al igual que Cristo. Literal y verdaderamente amarás a tus enemigos y harás el bien a los que te tratan con malicia. En definitiva, vivirás una vida semejante a Jesús y mostrarás exteriormente, y sentirás interiormente, un espíritu de semejanza de Cristo. Esto es ser uno con Cristo.

HANNAH WHITALL SMITH

CONOCE MEJOR A DIOS

Yo les he dado la gloria que me diste, para que sean uno, así como nosotros somos uno.

JUAN 17:22 NVI

Pero el don no fue como la transgresión; porque si por la transgresión de aquel uno murieron los muchos, abundaron mucho más para los muchos la gracia y el don de Dios por la gracia de un hombre, Jesucristo.

ROMANOS 5:15

¿Acaso no crees que yo estoy en el Padre, y que el Padre está en mí? Las palabras que yo les comunico, no las hablo como cosa mía, sino que es el Padre, que está en mí, el que realiza sus obras.

JUAN 14:10 NVI

PIENSA EN ELLO

¿Alguna vez has considerado una prueba como «lo mejor» que te podía suceder?

_____

_____

_____

_____

¿Cuán difícil es para ti ser amable cuando alguien te ha hecho daño?

_____

_____

_____

¿Muestras un espíritu semejante a Cristo al vivir siendo uno con Dios?

_____

_____

_____

_____

La inmutable gloria y perfección de la naturaleza divina es el amor, la bondad y la comunicación del bien, y nada puede tener unión con Dios, salvo aquello que participa de esta bondad.

WILLIAM LEY
An Humble, Affectionate, and Earnest Address

El amor no tiene otro mensaje que el suyo. Cada día tratamos de vivir el amor de Cristo de un modo tangible en cada uno de nuestros actos. Si hacemos alguna predicación, es con hechos y no con palabras.

MADRE TERESA
Loving Jesus

CONOCE A DIOS COMO SALVADOR

Y se acordaba de su pacto con ellos,
Y se arrepentía conforme a la
muchedumbre de sus misericordias.

SALMOS 106:45

¿Hacia quiénes dirige Dios este amor? Hacia nosotros, hacia todos los de esta humanidad perdida. A cada uno de nosotros le manifiesta este amor.

¿Cómo subraya el valor de este amor? Entregando a su Hijo para morir por nosotros. Dando a quien era Hijo, y uno muy amado. Está escrito que Dios lo dio «en rescate por todos» y «para que por la gracia de Dios gustase la muerte por todos». No debemos suponer que él murió por la suma total de la humanidad en el sentido de que su muerte no es realmente para cada uno en particular. Es un gran error en el que algunos caen, al suponer que Cristo murió por la raza humana en general y no por cada uno en particular. Por este error, el evangelio puede correr el riesgo de perder una gran parte de su energía práctica en nuestros corazones. Por lo tanto, hemos de ver a Jesús como alguien que nos amó personal e individualmente.

También quiso subrayar la gran fuerza de este amor. Podemos pensar que daríamos evidencia de un gran amor si regaláramos a un amigo una gran suma de dinero. Pero ¿qué es cualquier suma de dinero en comparación con entregar a un hijo amado a la muerte? Oh, no hay duda de que es un amor incomparable, maravilloso sin medida, que Jesús no solo se esforzara y sufriera, ¡sino que muriera! ¿Ha habido alguna vez un amor como este?

CHARLES FINNEY

CONOCE MEJOR A DIOS

Porque la paga del pecado es muerte, mas la dádiva de Dios es vida eterna en Cristo Jesús Señor nuestro.

ROMANOS 6:23

Y mi espíritu se regocija en Dios mi Salvador.

LUCAS 1:47 NVI

Él es el sacrificio por el perdón de nuestros pecados, y no sólo por los nuestros sino por los de todo el mundo.

1 JUAN 2:2 NVI

PIENSA EN ELLO

En lugar de pensar en la muerte de Jesús por la humanidad a nivel global, ¿has reflexionado que él murió por ti, como hijo suyo?

_____

_____

_____

_____

¿Has considerado la angustia de Dios al entregar a su Hijo para morir por los que pecaron contra él?

_____

_____

_____

_____

¿Hay algún amigo al que, en lugar de darle una suma de dinero, podrías entregarle el don de la salvación mediante tu testimonio?

_____

_____

_____

_____

Es un Dios de incomparable amor el que envió a su
Hijo para morir por los mismos que lo clavaron en una
cruz.

JON COURSON
Jon Courson's Application Commentary New Testament

¿Ganas almas para Jesús?
¿Demuestras con tu ejemplo
Que él es el precioso Salvador
Sacrificado por amor?

CARRIE A. BRECK
Are You Winning Souls?

CONOCE QUE DIOS TIENE UN PLAN

Jehová cumplirá su propósito en mí;
Tu misericordia, oh Jehová,
es para siempre;
No desampares la obra de tus manos.
SALMOS 138:8

Hay una experiencia que se hace cada vez más familiar para todo el que está tratando de seguir a Cristo: una sensación de creciente individualidad en su vida cristiana. Viene de una percepción del interés personal que Cristo toma en él. A veces parece tan fuerte como si un brazo invisible agarrara el suyo para llevarlo a una intimidad más estrecha y profunda, y a una comunión más personal. Es un descubrimiento que nos humilla: ver cómo Dios se hace tan real para cada uno de estos pobres individuos como si fueran toda la humanidad. Cristo ha muerto por los demás, pero en un sentido particular por el individuo. Dios ama a todo el mundo, pero de manera particular a cada persona.

Pero si hay algo que destaca en cuanto a ser más personal para el cristiano, algo que simboliza mejor el amor y el interés de Dios, es el conocimiento privado de la voluntad de Dios. Y este es más personal en tanto que es más privado. Mi porción privada del amor de Dios es solo una participación particular en el mismo, solo una parte, que es de la misma calidad y y especie que todo el resto del amor de Dios, que todos los demás reciben de él. Pero la voluntad de Dios para mí es algo para mí. Hay algo que Dios quiere para mí y para nadie más.

Si tengo la voluntad de Dios en mi carácter, mi vida puede ser buena y espléndida. Puede ser útil y honorable. Dios tiene un proyecto de vida para cada vida humana.

Henry Drummond

CONOCE MEJOR A DIOS

Estoy convencido de esto: el que comenzó tan buena obra en ustedes la irá perfeccionando hasta el día de Cristo Jesús.

FILIPENSES 1:6 NVI

Fiel es el que os llama, el cual también lo hará.

1 TESALONICENSES 5:24

Te haré entender, y te enseñaré el camino en que debes andar; Sobre ti fijaré mis ojos.

SALMOS 32:8

PIENSA EN ELLO

¿Es posible que estés viviendo en comodidad pero no en la voluntad de Dios?

_____

_____

_____

_____

¿Has considerado que Dios tiene un camino único para tu vida?

_____

_____

_____

_____

¿Te ha revelado Dios su voluntad particular para ti, o necesitas dedicar un tiempo a escuchar sus deseos para ti?

_____

_____

_____

_____

Cuando nos esforzamos por vivir con una actitud
espiritual, es más probable que nuestro comportamiento
de todo el día refleje la voluntad de Dios.

ROBERT J. WICKS
Everyday Simplicity

Sentirás una enorme paz cuando estés en la voluntad de
Dios y gran desasosiego cuando no.

HENRY Y RICHARD BLACKABY
Hearing God's Voice

Prefiero mil veces que se cumpla la voluntad de Dios a
que se haga la mía.

D. L. MOODY
Prevailing Prayer: What Hinders It?

CONOCE EL ULTIMÁTUM DE DIOS

Ningún sirviente puede servir a dos patrones. Menospreciará a uno y amará al otro, o querrá mucho a uno y despreciará al otro. Ustedes no pueden servir a la vez a Dios y a las riquezas.

LUCAS 16:13 NVI

Dios no acepta un corazón dividido. Él debe reinar de modo absoluto. En tu corazón no hay espacio para dos tronos. Cristo dijo: «Ningún sirviente puede servir a dos patrones». Nota que no dijo «debe servir», sino «puede servir», lo que es más que un mandamiento. Significa que no se puede mezclar la adoración al verdadero Dios con la adoración a otro dios, como no se puede mezclar el aceite y el agua. No se puede. No hay sitio para ningún otro trono en el corazón si Cristo está allí. Si la mundanalidad entrase, la piedad saldría.

El camino al cielo y al infierno van en direcciones diferentes. ¿A qué señor elegirás seguir? Sé un cristiano ciento por ciento. Solo a él debes servir. Únicamente de esta manera puedes agradar debidamente a Dios. ¿Vas a disgustar a Dios rechazando a Cristo? Él murió para salvarte. Confía en él de todo corazón, porque con el corazón se cree para justicia.

Yo creo que cuando Cristo tiene el primer lugar en nuestros corazones, cuando el reino de Dios es lo primero en todo, tenemos poder; y no vamos a tener poder hasta que le demos el lugar que le corresponde. Si dejamos que un dios falso entre y se lleve nuestro amor del Dios de los cielos, no tendremos paz ni poder.

DWIGHT LYMAN MOODY

CONOCE MEJOR A DIOS

¡Oh gente adúltera! ¿No saben que la amistad con el mundo es enemistad con Dios? Si alguien quiere ser amigo del mundo se vuelve enemigo de Dios.

SANTIAGO 4:4 NVI

Pero si a ustedes les parece mal servir al Señor, elijan ustedes mismos a quiénes van a servir: a los dioses que sirvieron sus antepasados al otro lado del río Éufrates, o a los dioses de los amorreos, en cuya tierra ustedes ahora habitan. Por mi parte, mi familia y yo serviremos al Señor.

JOSUÉ 24:15 NVI

El que no es conmigo, contra mí es; y el que conmigo no recoge, desparrama.

LUCAS 11:23

PIENSA EN ELLO

¿Hay algún otro dios compitiendo por tu adoración (tiempo, devoción, emociones)?

_____

_____

_____

_____

En tu vida diaria, ¿ocupa Dios el trono de tu corazón?

_____

_____

_____

_____

Dado que es imposible servir a dos señores, ¿a quién eliges servir hoy?

_____

_____

_____

_____

No seas un anfibio; ningún hombre puede servir a dos amos y, si supieras, es mil veces más fácil buscar primero el reino de Dios que buscarlo en segundo lugar.

HENRY DRUMMOND
Stones Rolled Away and Other Addresses to Young Men

Literalmente, una vida consagrada es y debe ser una vida de negación del yo.

FRANCES RIDLEY HAVERGAL
Kept for the Master's Use

Nadie puede saber todo con absoluta certeza. Solo asegúrate de que conoces las consecuencias de cada lado del argumento. Luego elige sabiamente. Está en juego tu eternidad.

ROBERT STOFEL
God, How Much Longer?

DÍA 25

CONOCE A DIOS COMO PADRE

Todas las sendas de Jehová son
misericordia y verdad,
Para los que guardan su
pacto y sus testimonios.

SALMOS 25:10

Por la fe recibimos el amor de Dios, y por amor nosotros también damos amor. Debemos hacerlo libremente, siguiendo el ejemplo de Cristo, y sin ningún otro motivo que el bien de nuestro vecino. Debemos impartir amor puro: todo lo que tenemos y todo lo que podamos hacer, incluso con nuestros enemigos, para llevarlos a Dios.

Cristo no realizó sus obras para obtener el cielo. Ya era suyo. Las hizo libremente por amor a nosotros y para traernos el favor de Dios y llevarnos a él. Ningún hijo verdadero hace la voluntad de su padre porque quiere ser su heredero. Ya lo es de nacimiento. Su padre se lo dio de puro amor, antes de nacer. Los siervos trabajan porque es su cometido; los hijos lo hacen por amor. Por tanto, un cristiano actúa libremente, teniendo en cuenta nada más que la voluntad de Dios y lo que puede dar de valor a su prójimo.

Un buen pastor, Jesús, trae el Espíritu de Dios, que deshace las ataduras de Satanás y nos pone junto a Dios y su voluntad mediante una fe fuerte y un ferviente amor. El pobre y miserable pecador siente tan gran misericordia, amor y bondad de Dios que está seguro de que no es posible que lo abandone o le retire su amor y misericordia. Clama denodadamente como Pablo, diciendo: «¿Quién nos separará del amor con que Dios nos ama?». En todas las tribulaciones, un cristiano percibe que Dios es su Padre, y que lo ama como amó a Cristo.

WILLIAM TYNDALE

CONOCE MEJOR A DIOS

Busquen la paz con todos, y la santidad, sin la cual nadie verá al Señor.

HEBREOS 12:14

Y ya no estoy en el mundo; mas éstos están en el mundo, y yo voy a ti. Padre santo, a los que me has dado, guárdalos en tu nombre, para que sean uno, así como nosotros.

JUAN 17:11

Y ustedes son de Cristo, y Cristo es de Dios.

1 CORINTIOS 3:23 NVI

PIENSA EN ELLO

¿Ha habido algún momento en que has tratado de ganar el favor de Dios en lugar de descansar en el hecho de que él es tu Padre?

_____

_____

_____

_____

¿Tienes un corazón de amor para tu Padre?

_____

_____

_____

_____

¿Qué significa para ti saber que Dios te ama «como amó a Cristo»?

_____

_____

_____

_____

Si soy adoptado, me he convertido en hijo, Dios ya no es mi juez, sino mi Padre.

D. L. MOODY
Sermón «El capítulo octavo de Romanos»

No hay lugar más seguro para tus sueños y esperanzas que en las manos amorosas de tu Padre fiel.

LESLIE LUDY
Sacred Singleness

CONOCE A DIOS Y SU LEY

El amor no hace mal al prójimo; así que
el cumplimiento de la ley es el amor.

ROMANOS 13:10

Los Diez Mandamientos no son diez leyes diferentes. Son una ley. Si estoy sostenido en el aire por una cadena de diez eslabones y rompo uno de ellos, me caigo, como si hubiera roto los diez. Si no se me permite salir de un lugar cercado, no implica ninguna diferencia en qué punto atravieso la valla. La cadena de oro de la obediencia se rompe si uno de los eslabones falta.

Ahora ponte frente a estos Diez Mandamientos honestamente y con espíritu de oración. Mira si tu vida es recta y estás tratando adecuadamente a Dios. Los estatutos de Dios son justos, ¿no es así? Si ellos lo son, veamos si nosotros también. Estemos a solas con Dios y leamos su ley, con atención y oración. Pidámosle que nos perdone nuestros pecados, y preguntémosle qué es lo que quiere que hagamos. Si Dios nos hubiera de pesar por ellos, ¿nos encontraría faltos o no?

Si el amor de Dios llena tu corazón, podrás cumplir la ley. El amor condensa los Diez Mandamientos. El amor a Dios no admitirá ningún otro dios. El amor a Dios nunca deshonrará su nombre. El amor a Dios observará reverente su día. El amor a los padres nos hace honrarlos. El odio, no el amor, es asesino. La lujuria, no el amor, comete adulterio. El amor da, nunca roba. El amor no calumnia ni miente. El amor no mira con codicia.

Dwight Lyman Moody

CONOCE MEJOR A DIOS

*Es más fácil que desaparezcan el cielo y la tierra, que caiga
una sola tilde de la ley.*

LUCAS 16:17 NVI

*Pues la ley por medio de Moisés fue dada, pero la gracia y la
verdad vinieron por medio de Jesucristo.*

JUAN 1:17

*La ley de Jehová es perfecta, que convierte el alma;
El testimonio de Jehová es fiel, que hace sabio al sencillo.*

SALMOS 19:7

PIENSA EN ELLO

¿Tienes el hábito de confesar tus pecados inmediatamente?

_____

_____

_____

_____

¿Hay mandamientos que son difíciles de seguir para ti?

_____

_____

_____

_____

¿Cómo puedes vencer la tentación?

_____

_____

_____

_____

Dios tiene sus líneas de medición y sus cánones, llamados los Diez Mandamientos; están escritos en nuestra carne y sangre. La suma de ellos es: «Y como queréis que hagan los hombres con vosotros, así también haced vosotros con ellos».

MARTÍN LUTERO
Charlas de sobremesa

La ley no está hecha para juzgar, pero puedes vivir bajo su gobierno y su juicio.

RICHARD BAXTER
A Call to the Unconverted, to Turn and Live

La intención de Dios al darnos la ley es devolvernos a las relaciones armoniosas con nosotros mismos, con los demás y con él.

JUDSON CORNWALL
Let Us Enjoy Forgiveness

CONOCE EL AMOR INCONDICIONAL DE DIOS

Hermanos míos amados, oíd: ¿No ha elegido Dios a los pobres de este mundo, para que sean ricos en fe y herederos del reino que ha prometido a los que le aman?

SANTIAGO 2:5

Jesús siempre tiene muchos que aman su reino celestial, pero muy pocos que lleven su cruz. Tiene muchos que desean la consolación, pero muy pocos que quieran la tribulación. Encuentra a muchos para compartir su mesa, pero a pocos para participar en su ayuno. Todos desean ser felices con él, pocos quieren sufrir algo por él. Muchos siguen a Jesús hasta el partimiento del pan, mas pocos hasta beber el cáliz de su sufrimiento. Muchos honran sus milagros, pero pocos el oprobio de la cruz. Muchos aman a Jesús mientras no encuentren dificultades. Muchos le alaban y bendicen siempre que reciban algún consuelo de él. Pero si Jesús se escondiese y los dejase por un breve tiempo, caerían en las quejas o en un profundo abatimiento.

Aquellos que, por el contrario, lo aman por ser quien es, y no por ningún consuelo que les dé, lo bendicen en todas las pruebas y angustias de corazón, así como en la dicha de consuelo. Aun si nunca se les diese consolación, ellos seguirían alabándolo y desearían siempre darle gracias. ¡Qué poder hay en el puro amor por Jesús, en el amor que es libre de todo interés personal y de amor a uno mismo!

TOMÁS DE KEMPIS

CONOCE MEJOR A DIOS

Y amarás a Jehová tu Dios de todo tu corazón, y de toda tu alma, y con todas tus fuerzas.

DEUTERONOMIO 6:5

El que no ama no conoce a Dios, porque Dios es amor.

1 JUAN 4:8 NVI

Si ustedes me aman, obedecerán mis mandamientos.

JUAN 14:15 NVI

PIENSA EN ELLO

¿Ha ocultado Dios su rostro alguna vez de ti?

_____

_____

_____

_____

¿Cómo fue restaurada tu relación?

_____

_____

_____

_____

¿Cuán difícil te resultaría alabar a Dios y darle gracias si
él no te dispensase su consolación?

_____

_____

_____

_____

El amor suaviza los dolores. Y cuando uno ama a Dios, sufre su causa con gozo y coraje.

HERMANO LORENZO
La práctica de la presencia de Dios

Tenemos que ser lo suficientemente valientes como para que el dolor haga su trabajo, y lo suficientemente valerosos como para soportar de tal manera que nuestros corazones sean llenados con el infinito y completo amor de Dios.

KIM MOORE Y PAM MELLSKOG
A Patchwork Heart

CONOCE LA COMPLETA FE EN DIOS

Hazme oír por la mañana tu misericordia,
Porque en ti he confiado;
Hazme saber el camino por donde ande,
Porque a ti he elevado mi alma.

SALMOS 143:8

Una forma más excelsa de fe es la que brota del amor. Un niño confía en su padre porque lo ama. Bienaventurados los que tienen una dulce fe en Jesús. No pueden sino confiar en él, por lo mucho que lo aman.

Cuando un paciente cree en un médico, sigue fielmente sus prescripciones y orientaciones. No hay ningún médico como Jesús. Nos ponemos en sus manos, aceptamos lo que nos receta y hacemos lo que manda. Sentimos que no habrá nada mal ordenado si Jesús es el que dirige nuestros asuntos. Él nos ama demasiado como para dejarnos perecer o que suframos un dolor innecesario.

Cuando un viajero confía en un guía para que lo conduzca por un paso difícil, sigue el sendero que le marca. Nosotros confiamos en Jesús para salvarnos. Él nos da las indicaciones para el camino de la salvación. Seguimos sus instrucciones y somos salvos. No olvides esto, amado lector. Confía en Jesús, y demuestra tu confianza haciendo lo que te manda.

La fe tiene el poder de obrar por amor. Influye en los sentimientos hacia Dios, y hace que el corazón vaya tras las cosas mejores. El que cree en Dios amará a Dios más allá de toda pregunta. La fe es un acto del entendimiento. Amar a Dios y amar al hombre es ser conformados a la imagen de Cristo.

CHARLES HADDON SPURGEON

CONOCE MEJOR A DIOS

Enséñame, oh Jehová, tu camino,
Y guíame por senda de rectitud
A causa de mis enemigos.

SALMOS 27:11

Señor, hazme conocer tus caminos;
muéstrame tus sendas.
Encamíname en tu verdad, ¡enséñame!
¡Tú eres mi Dios y Salvador;
en ti pongo mi esperanza todo el día!

SALMOS 25:4-5 NVI

Ya sea que te desvíes a la derecha o a la izquierda, tus oídos
percibirán a tus espaldas una voz que te dirá: «Éste es el
camino; síguelo.»

ISAÍAS 30:21 NVI

PIENSA EN ELLO

¿En qué ocasiones has tenido que depositar tu fe en otras personas?

_____

_____

_____

_____

¿En qué ocasiones has puesto tu fe en Dios?

_____

_____

_____

_____

¿Qué estás dispuesto a dar para ser conformado a la imagen de Dios?

_____

_____

_____

_____

La fe reconoce que Dios tiene el control, y no el hombre.
La fe funciona a la manera de Dios, en el tiempo de
Dios, según le place a él. La fe no toma la vida en sus
propias manos, sino que la pone con respeto y confianza
en manos de Dios.

KAY ARTHUR
When Bad Things Happen

La fe no es una parte de la vida cristiana; es la totalidad
de ella.

JAMES MACDONALD
Lord, Change My Attitude

La fe comienza donde se conoce la voluntad de Dios. La
fe debe descansar en la voluntad de Dios nada más, no
en nuestros deseos o expectativas.

F. F. BOSWORTH
Christ the Healer

CONOCE EL PODER DE DIOS

Cuando oyó hablar de Jesús, vino por detrás entre la multitud, y tocó su manto. Porque decía: Si tocare tan solamente su manto, seré salva.

MARCOS 5:27-28

El Dios de la paciencia, la mansedumbre y el amor es el Dios de mi corazón. Toda inclinación y deseo de mi alma es buscar para todos mi salvación en y a través de los méritos y la mediación del manso, humilde, paciente, entregado, sufriente Cordero de Dios. Solo él tiene poder para traer el bendito nacimiento de estas virtudes celestiales en mi alma.

Él es el pan de Dios que bajó del cielo; de él debe comer el alma o perecerá y languidecerá en el hambre eterna. Él es el eterno amor y mansedumbre que salió del seno de su Padre para ser él mismo la resurrección de la mansedumbre y el amor en todas las almas coléricas y oscuras de los hombres caídos.

Qué consuelo es pensar que este Cordero de Dios, Hijo del Padre, la luz del mundo, la gloria del cielo y la alegría de los ángeles está tan cerca de nosotros, pues está realmente en nuestra presencia como está en la presencia de los cielos. El deseo de nuestro corazón que avanza hacia él, anhelando una pequeña chispa de su naturaleza celestial, está tan seguro de encontrarlo, tocarlo y recibir poder de él como lo estaba la mujer que se curó ansiando únicamente tocar el borde de su manto.

WILLIAM LAW

CONOCE MEJOR A DIOS

Tuyos son, SEÑOR,
  la grandeza y el poder,
  la gloria, la victoria y la majestad.
Tuyo es todo cuanto hay
  en el cielo y en la tierra.
Tuyo también es el reino,
  y tú estás por encima de todo.

1 CRÓNICAS 29:11 NVI

Pero recibiréis poder, cuando haya venido sobre vosotros el Espíritu Santo, y me seréis testigos en Jerusalén, en toda Judea, en Samaria, y hasta lo último de la tierra.

HECHOS 1:8

Y cuál la supereminente grandeza de su poder para con nosotros los que creemos, según la operación del poder de su fuerza.

EFESIOS 1:19

PIENSA EN ELLO

¿Puedes recordar una ocasión en la que experimentaste el poder de Dios?

_____

_____

_____

_____

¿Has «tocado su manto» en fe, metafóricamente, creyendo que su poder era suficiente para tus necesidades?

_____

_____

_____

_____

¿Qué consuelo te trae saber que el poder de Dios está disponible para sus hijos?

_____

_____

_____

_____

Pues bien, allí donde estés, estás cerca de Dios; él es un Dios para distancias cortas y largas.

THOMAS MANTON
A Practical Commentary on the Epistle of James

La pobre mujer enferma no podía llegar a Jesús, por culpa de la multitud, y tú estás en la misma condición, debido a esos terribles pensamientos que se te acumulan y agolpan. Aun así, ella extendió su dedo y tocó el borde del manto del Señor, y quedó sanada. Haz tú lo mismo.

CHARLES SPURGEON
All of Grace

CONOCE EL GOZO DE SER AMADO POR DIOS

Yo les he dado a conocer quién eres,
y seguiré haciéndolo, para que el
amor con que me has amado esté en
ellos, y yo mismo esté en ellos.

JUAN 17:26 NVI

¡Qué misterio es el amor! Si el amor humano es misterioso, el amor divino es un océano demasiado profundo para los instrumentos de medida humanos, y es demasiado amplio para ser delimitado aun por la más alta inteligencia del universo. Dios no es solo amor, sino que es el amor revelado. El perfecto amor de Dios hacia el hombre está diseñado para provocar en este un perfecto amor hacia Dios. El espejo en el que su amor se refleja está roto en superficies desiguales y refleja una imagen distorsionada: el alma humana en su mejor versión está hecha pedazos por dolencias e imperfecciones sin remedio.

La historia de la comunicación de Dios con los hombres es la crónica de su amor. Este será nuestro libro de texto para la eternidad. No podemos contemplar más sublime y magnificente tema. El brillo del universo material palidece ante los esplendores del carácter divino, ese fuego crucial que derrite el corazón de los pecadores en la tierra.

En el amor revelado hay asombro sin cesar. Nuestra perplejidad se renueva cuando descubrimos que Dios nos ama tanto que entregó a su Hijo amado a la humillación del pesebre, a la burla del juicio ante Pilatos, a la agonía de Getsemaní y al oprobio del Calvario. Pero esto fue solo el comienzo de su generosidad. El Padre amoroso ha concedido un don permanente, el Espíritu Santo, que susurra en el oído de los muertos espirituales las palabras de vida, arrepentimiento, perdón y plena restauración de la imagen de Dios que habíamos perdido.

DANIEL STEELE

CONOCE MEJOR A DIOS

Porque de tal manera amó Dios al mundo, que ha dado a su Hijo unigénito, para que todo aquel que en él cree, no se pierda, mas tenga vida eterna.

JUAN 3:16

El que no ama, no ha conocido a Dios; porque Dios es amor.

1 JUAN 4:8

Mas Dios muestra su amor para con nosotros, en que siendo aún pecadores, Cristo murió por nosotros.

ROMANOS 5:8

PIENSA EN ELLO

¿Qué es lo más grande que has hecho por amor a alguien?

_____

_____

_____

_____

¿Invitas cada día al Espíritu Santo para que te llene?

_____

_____

_____

_____

¿Cómo puedes demostrar tu amor por tu Padre celestial?

_____

_____

_____

_____

Dios nos ama de tan precioso modo que ni podemos comprenderlo. Ningún ser creado puede saber cuánto y con qué dulzura y ternura Dios nos ama. Solo con la ayuda de su gracia podemos perseverar en la contemplación espiritual, admirados sin fin ante el alto, incomparable e inconmensurable amor que nuestro Señor, en su bondad, tiene por nosotros.

JULIAN DE NORWICH
Revelations of Divine Love

Una de las mayores verdades de la Biblia es que Dios nos ama. Y, puesto que nos ama, nos quiere dar lo que es mejor para nosotros.

BILLY GRAHAM
Answers to Life's Problems

También de Casa Promesa

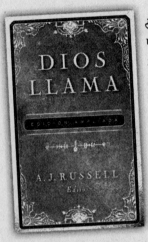

¿Qué tal que pudieras tener una conversación con el mismísimo Jesús? ¿Qué te diría? Ese es el concepto del clásico devocional *Dios llama,* el cual ha animado, desafiado e informado a millones de lectores en todo el mundo. Sus lecturas diarias continúan hablando a quienes hoy las leen como lo hicieron en un principio hace casi setenta años. —este clásico cristiano se presenta ahora en una edición traducida para lectores de habla hispana. Al contener el texto completo e íntegro del original en inglés y versículos de la versión Reina Valera 1960, esta espléndida, asequible y novedosa edición de *Dios Llama,* con material adicional como letras de himnos, oraciones y preguntas para reflexión adicional, te promete todo un año de inspiración.

Disponible donde libros cristianos son vendidos.